MORT
DU GÉNÉRAL
LAMARQUE
PAR
BARTHÉLEMY.

PRIX : 1 FR.

PARIS
PERROTIN, RUE DES FILLES ST.-THOMAS, N. 1,
ÉDITEUR DES DOUZE JOURNÉES DE LA RÉVOLUTION PAR BARTHÉLEMY.
1832

MORT

DU GÉNÉRAL

LAMARQUE.

IMPRIMERIE DE HENRI DUPUY,
RUE DE LA MONNAIE, N. 11.

MORT

DU GÉNÉRAL

LAMARQUE

PAR

BARTHÉLEMY.

PARIS

PERROTIN, RUE DES FILLES St.-THOMAS,
ÉDITEUR DES DOUZE JOURNÉES DE LA RÉVOLUTION PAR BARTHÉLEMY.

—

1832

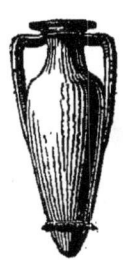

O Juillet! il faut donc que toute gloire meure,
Que le cyprès se lie à tout ce qui fut grand,
Que nous suivions toujours à sa froide demeure
Quelque grand homme éteint sorti de notre rang!

L'avons-nous visitée, en quinze ans de souffrance,

Cette Nécropolis des gloires de la France,

Cette cité funèbre aux ombrages si beaux,

Cet enclos solitaire, immense répertoire

Où revivent les noms de notre grande histoire

Sur des pages de marbre aux livres des tombeaux !

Encore une, ajoutée à nos éphémérides !

Un nom pur, buriné par l'unanime vœu ;

Encore un de tombé chargé de nobles rides,

Un de ces chefs sans peur qui riaient dans le feu,

Un comme les aimait l'homme de Sainte-Hélène,

Qui prenaient à seize ans l'épaulette de laine,

Cousaient à l'uniforme un modeste galon,

A chaque bulletin agrandissaient leur taille,

Et qui, toujours debout au vent de la bataille,
Atteignaient en trente ans le dernier échelon !

Voilà le prix du sang ! Quand on a dans sa vie
Suivi Napoléon dans ses pas de géant,
Marché l'épée en main sur l'Europe asservie,
Jeté son nom sonore à l'univers béant ;
Alors si le boulet qui grince dans l'espace
A respecté trente ans le général qui passe,
S'il est sorti du feu mutilé, mais vivant,
Le destin lui refuse une heureuse vieillesse,
La douceur du foyer tranquille, et ne lui laisse
Que le saule penché qui pleure avec le vent.

Lamarque est mort hier sans voir la fin du drame,
Sans savoir sur son lit ce qu'on fera demain !
Que le peuple aujourd'hui se charge du Programme,
Qu'il étale son crêpe au funèbre chemin ;
Le peuple des Trois Jours a la mémoire forte :
Il connaît les vertus du grand homme qu'il porte,
Se souvient de Constant, de Manuel, de Foy ;
Il ne fait point défaut à sa grande promesse ;
Il entonne toujours sa solennelle messe
Que tout Paris écoute en suivant le convoi.

Ils viendront nos amis, ils accourront tous vite
Pour escorter éteint ce grand nom qui brillait ;
Ils n'auront pas besoin d'ordre qui les invite
Dans ce châleureux mois frère du grand Juillet ;

L'officielle larme au *Moniteur* inscrite
Ne viendra point glacer le populaire rite;
Point de crêpes joyeux, de splendides velours;
Pour fêter un tel mort, cette foule accourue
Doit porter aujourd'hui son vêtement de rue,
Ou ses haillons de roi du siècle des Trois Jours.

Loin de nous tous ces chars à la coupole altière,
Ces insignes de deuil qui font rire les yeux,
Qu'on remorque gaîment au triste cimetière
Parmi le noir cortége et le cri des essieux !
Que faut-il au cercueil que le peuple soulève ?
Rien : le chêne tressé sur la garde du glaive,
Comme une sombre voile un suaire flottant;
Qu'ainsi de bras en bras promené par la foule

Sur les longs boulevards ce sarcophage roule,

Comme un vaisseau de deuil qu'un port funèbre attend.

Oh! puisque ce cercueil, où tant de mains se tendent,

Qu'au cimetière d'Est tant de grands morts attendent,

N'ira pas se mêler à ces tombeaux amis,

Où Manuel et Foy reposent endormis,

Du moins, vous, jeunes gens, dont le beau sang pétille,

Commandez une halte au sol de la Bastille,

Sur ces lieux d'où l'on voit la ville du trépas

Et que Lamarque mort ne visitera pas;

Là, de vos bras roidis, élevez vers la nue

Ce corps où s'est éteinte une voix si connue,

Afin que le cercueil, porté vers d'autres lieux,

Aux grands morts de là-bas adresse des adieux :

Vous dont l'enthousiasme a des voix toujours prêtes,

Vous qui vivez, du mort soyez les interprètes ;

Dites au Mont-Louis, où repose Constant,

Qu'il irait le revoir où cette ombre l'attend ;

Qu'étendu comme lui sous l'éternelle glace,

Dans son lit fraternel il voudrait prendre place ;

Mais que son dernier vœu lui défend de le voir,

Que ce cadavre saint doit remplir un devoir ;

Qu'il faut à la Vendée, où le peuple l'implore,

Montrer ce Duguesclin du drapeau tricolore ;

Que celui qui n'a pu, par un suprême effort,

La secourir vivant, veut la secourir mort.

Place, place au cercueil ! dans les bourgs, dans les villes,
Dans les champs lacérés par les guerres civiles,
Sur ce sol où la France, en de fiévreux accès,
Se désaltère encore avec du sang français ;
Place au cercueil vainqueur ! La bière rayonnante
Luira comme un soleil de la Rochelle à Nante ;
Du fond de ce tombeau, porté par mille mains,
Il prêchera la paix sur les sanglans chemins ;
Et si le royalisme, au foyer des chaumières,
Rallumait ses fureurs et ses torches premières,
Se soulevait en bloc de la vallée au mont,
Mêlant dans un seul cri Caroline et Bourmont,
Élevez ce cercueil comme un phare de gloire
Sur tous les caps fameux qui dominent la Loire,
Portez-le dans les bourgs et dans chaque maison ;
Contez-leur en pleurant la funèbre oraison ;

Contez-leur cette vie et si courte et si pleine,
Cette course d'exploits faite tout d'une haleine,
Sans que sur le forum, comme sous les drapeaux,
Le grand homme ait trouvé l'oreiller du repos.
Nos soldats recueillis dans un silence austère
Entendront en pleurant ce récit militaire,
Ils apprendront de lui, pour illustrer un nom,
Combien de fois il faut marcher sur le canon;
Dites-leur ce héros, dans ses jeunes années,
Guidant notre avant-garde au pied des Pyrénées,
Prenant Fontarabie, et laissant sur le sol
Son sang qui bouillonnait sous le fer espagnol;
Suivez, suivez d'un bond le hardi capitaine,
Emportant à l'assaut l'île napolitaine,
Caprée, où l'ennemi rassuré sur le choc
En créneaux de remparts avait taillé le roc;

Qu'on le suive à Wagram, où l'ardente mitraille

Broya sous lui cinq fois son cheval de bataille,

Où le premier des siens il fendit de sa main

La barrière de fer qui couvrait le Germain;

Qu'on le suive en Espagne où sa noble cocarde

Regardait l'ennemi chargeant l'arrière-garde,

Où des monts de Pyrène à la Sierra-Léon,

Il fixa tant de fois l'œil de Napoléon;

Qu'on le suive partout sur cette carte immense

Des plaines de Jemmape où notre ère commence,

Jusqu'aux bords de la Loire où l'on conte aujourd'hui,

Au pied de son cercueil, ce qui fut fait par lui.

Oui, son vœu d'agonie est digne qu'on l'écoute :

Il veut servir la France à sa dernière route,

Son funèbre voyage est pour elle un secours
Muet, mais éloquent comme un de ses discours;
Le guerrier pélerin à qui la vie échappe
Rêve de conquérir sa tombe par étape;
Ce cercueil qu'à travers la France nous portons,
Partout va tressaillir au feu des pelotons,
Sur lui s'inclineront les bannières flottantes;
Le jour il marchera sous le dôme des tentes,
Et du chant marseillais éveillant les échos
Nos soldats porteront la main à leur shakos.
Ombre chère, grande ombre, à toujours endormie,
Le poëte te chante avec sa voix amie,
Il eût voulu trouver des pleurs mélodieux
Pour te faire, à son tour, de plus dignes adieux.
Hélas! j'étais absent, et ce matin j'arrive;
L'Océan m'attachait à sa brumeuse rive,

Je te savais malade, et ma vive douleur

Souvent pensait à toi sur les côteaux d'Honfleur;

Oh! je n'ai pas voulu, dans la ville muette,

Que ton convoi passât sans un cri de poëte.

Adieu; puisse la voix qui sort de ton cercueil,

Du vaisseau de la France éloigner tout écueil!

Puisse-t-elle calmer, dans les bruyantes villes,

Le terrible ouragan des tempêtes civiles!

Puisse-t-elle avertir l'oreille du pouvoir!

De ton lit triomphal, puisses-tu n'entrevoir,

Sur les calmes hauteurs des vendéennes côtes,

Que notre drapeau saint et des cœurs patriotes!

FIN.

DOUZE JOURNÉES

DE LA
RÉVOLUTION,

poëmes

PAR

BARTHÉLEMY.

CONDITIONS DE LA SOUSCRIPTION.

Les Douze Journées de la Révolution seront publiées en *douze Livraisons*, avec une gravure pour chaque Journée, dessinée et gravée à l'eau forte par MM. Johannot et Raffet, tirée sur papier de Chine.

Douze livraisons in-8°, imprimées sur beau papier des Vosges, par Jules Didot l'aîné. Prix : 1 fr. 50 c. la livraison de 32 pages avec une gravure tirée sur papier de Chine, et 1 fr. 70 c. par la poste.

Cinq livraisons sont en vente. Les autres paraîtront tous les quinze jours.

Chez le même Éditeur:

Collection complète de la Némésis (cinquante-trois numéros). Prix : 36 fr. — Par trimestre, 9 fr. — Par numéros séparés, 1 fr.

www.ingramcontent.com/pod-product-compliance
Lightning Source LLC
Chambersburg PA
CBHW071431060426
42450CB00009BA/2128